Una vuelta por el vecindario

HOUGHTON MIFFLIN   BOSTON

Contenido

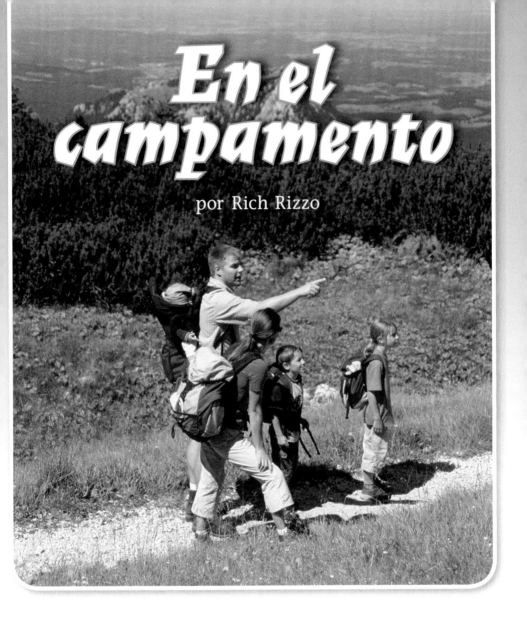

En el campamento

por Rich Rizzo

Sami está en el campamento. Sami caminó alrededor del campamento. Sami caminó con Luis y sus amigos.

Ana está en el campamento. Ana se
sienta en una balsa grande. ¡Ana se divierte
en la balsa! Ana y sus amigos se mojan en
la balsa.

Pami está en el campamento. Pami
tiene una nueva amiga. Pami habla con su
amiga. Pami y su amiga dan palmadas.

Susi está en el campamento. Susi nada.
Susi patea y patea. Luego, ¡Susi da una
vuelta completa!

Vane está en el campamento. Vane
conoció a Kati en el campamento. Vane y
Kati le pidieron a un amigo del campamento
que tomara esta foto. Sonríe, Vane. Sonríe,
Kati. ¡Clic!

José está en el campamento. José acaba
de llegar. Max ayuda a José. A él le toca
ayudar a los niños nuevos a divertirse.

Lisa está en el campamento. Si Lisa
puede pasar a Mateo y a Jaime, ¡ella puede
ganar! ¡Lisa puede ganar la gran copa del
campamento! ¡Adelante, Lisa! ¡La meta está
cerca! ¡Lisa la gana!

Tito está en el campamento. Tito tiene
comida para los niños del campamento. ¡Los
niños aplauden!

Las hormigas y la comida campestre

por Kevin Carlisle
ilustrado por Tom Leonard

Mimi es una hormiguita rojita. Sami es
un hormigote grandote. A Mimi y a Sami
les gustan las comidas campestres.

Sami tiene una bolsa de color canela para comidas campestres. Y en su bolsa, Sami tiene un mantel rojo y diez servilletas. Sami tiene seis vasos de plástico con tapas. Sami sale a hacer una comida campestre.

Mimi tiene una bolsa de color canela para comidas campestres. Y en su bolsa, Mimi tiene leche, higos, jamón, crema de cangrejo, jalea de menta y un gran ñame rojo. Mimi sale a hacer una comida campestre.

Sami se sienta sobre su mantel, al lado de
Mimi. Sami y Mimi toman sorbos de leche.
Mimi se come un higo. Sami come jamón y
jalea de menta. ¡La comida está muy rica!

Sami tiene una servilleta. Sami se
limpia los labios. Mimi tiene una servilleta.
Mimi se limpia las manos. Sami y Mimi se
limpian.

Después de su comida campestre, Sami
caminó con Mimi alrededor de la hierba.
Pipo y Pepa estaban cerca. Sami y Mimi
vieron a Pipo y a Pepa. Todos se pusieron
contentos.

Pipo es una hormiga. Pepa es una hormiga. A Pipo y a Pepa les gustan las comidas campestres. Sami y Mimi tienen un plan. ¿Pueden salir Pipo y Pepa a hacer una comida campestre con Sami y Mimi?

Sami y Mimi tienen higos, jamón y leche.
Sami y Mimi tienen servilletas y vasos. Pipo
y Pepa, y Sami y Mimi hacen una gran
comida campestre para hormigas.

Dani, Toni y Dina

por Vincent Paulsen
ilustrado por Jackie Snider

Dani y Toni tienen un plan para la fiesta
de Dina. Dani y Toni hacen una lista.

Dani, Toni y Mamá se montan al
autobús. Dani, Toni y Mamá se quedan
sentados hasta que el autobús se detiene.
Dani, Toni y Mamá se bajan del autobús.
Mamá tiene la lista.

Dani, Toni y Mamá entran. Dani y
Toni toman las bolsas rojas. Después,
Dani y Toni toman los vasos rojos. Dani y
Toni toman los sombreros rojos. Mamá
tiene la lista.

Dani y Toni ponen las bolsas rojas
sobre la mesa. Después, Dani y Toni ponen
los vasos rojos sobre la mesa. Ponen los
sombreros rojos sobre la mesa. Dani y Toni
preparan la sala.

Pipo entra. Pami entra saltando. Pipo y Pami se sientan con Dani y Toni.

—¿Viene Dina?

—¿Dónde está Dina?

¿Buscó Dani a Dina? No, Dani no buscó a Dina. ¿Buscó Toni a Dina? No, Toni no buscó a Dina. ¿Buscó Mamá a Dina? No, Mamá no buscó a Dina.

—¡Mamá, Mamá! ¿Puedes buscar a Dina
y a su familia? —dice Dani.

—Sí —dice Mamá—. Puedo buscar a
Dina.

Mamá sale a buscar a Dina.

Dina está sorprendida. Los niños se
paran. Pipo y Pami aplauden. Dina está
feliz, feliz, feliz.

La competencia del sombrero cómico

por Peggy Michaels

ilustrado por Paul Meisel

Nino y su familia fueron a la comida campestre y la competencia del sombrero cómico en el Parque Calabazas. Nino llevaba un sombrero con manchas rojas y canelas. Pero Nino no ganó.

Para la próxima competencia, Nino
llevaba un sombrero cómico. Tenía aviones
de plástico rojos. Tenía tambores de plástico
rojos. Pero Nino no ganó. Nino se sentía
triste.

¿Puede Nina ayudar a Nino a ganar la
próxima competencia de sombreros? ¡Sí!
Nina tiene un plan para crear el mejor
sombrero para Nino.

Nina busca una caja grande. Nina saca
seis puntos rojos. Nina saca una ciruela.

—¿Para qué es la ciruela? —dice Nino.

—Puedo comérmela —dice Nina.

—Nino, no puedes ver el sombrero hasta
el día de la competencia —dice Nina.

Nino deja a Nina. Nina se sienta a
trabajar. Nina comienza con la caja.

Aplana, aplana, aplana.
Corta, corta, corta.
Corta que te corta.

Los niños se sientan durante la comida
campestre. Nina viene con una caja grande.
—Ábrela, Nino —dice Nina.

El sombrero es del tamaño de Nino. Nino
se mete dentro. Es un sombrero cómico.
¿Ganó Nino? Sí, sí, Nino ganó.

Un paseo por la ciudad

por Saturnino Romay

Beni y Ana viajan a la escuela en un autobús grande. Otros niños viajan con Beni y Ana. Los amigos del Grado 2 se sientan con Beni y Ana.

Fela sube, sube, sube y sale cuando llega arriba. Fela toma su tiempo para mirar la gran ciudad. Fela la ve de cerca. Fela baja de nuevo.

Eduardo va a llegar tarde. Eduardo toma un taxi en la parada de taxis. El taxi lo lleva hasta su trabajo a tiempo. Eduardo está contento. ¡Eduardo tiene que llegar a su trabajo a las seis en punto!

Abuelita vino a ver a Vane, a Memo, a Mamá y a Papá. Vane y Memo se divirtieron, pero ahora Abuelita tiene que partir. Abuelita está en el avión. Vane y Memo saludan y saludan el avión.

A Neno y a Isa les gusta deslizarse. Neno
se desliza rápido, pero no muy rápido. Isa
se desliza rápido, pero no muy rápido. Neno
e Isa suben las escaleras y se deslizan una y
otra vez.

Nino monta su bicicleta en la ciudad.
Nino monta su bicicleta en un lugar seguro.
Nino, su mamá y su papá montan en sus
bicicletas y pasean juntos. Nino se divierte
con su mamá y su papá.

A Vito y a Bibi les gusta patinar. Bibi
se desliza y se desliza. Vito se desliza y se
desliza también. Vito y Bibi patinan rápido
alrededor. ¡Zum, zum, zum! Patinan rápido,
pero no muy rápido. Vito y Bibi están
seguros.

Sami se sienta con su papá. Su nombre
es Dani. Sami y Dani pasean en autobús
hasta el otro lado de la ciudad. ¡Es un viaje
bonito!

Los ratoncitos pueden correr

por Tatiana Rom
ilustrado por Tom Sperling

Esta es la escuela de Ciudad Ratón. Tiene seis grados. Fido está en Segundo Grado. Su amigo Vito también. Fido y Vito están en el mismo grado.

Fido y Vito comparten el mismo pupitre.
Su maestro es Reinaldo Ruiz. Él deja que los
ratoncitos de Segundo Grado lo llamen Rei.
¡A Fido y a Vito les cae muy bien!

Cuando estaba en Segundo Grado, Rei corrió en la carrera de la escuela de Ciudad Ratón. ¡Rei corrió rápido y ganó la carrera! Su premio está sobre su escritorio. Es una gran copa.

Fido y Vito le preguntan a Rei si puede
correr con ellos y el resto de los ratoncitos
de Segundo Grado. ¡Rei puede! Rei puede
correr si Fido y Vito encuentran un lugar
bonito para correr.

Fido y Vito y sus mamás buscan un lugar bonito. Fido y Vito encuentran un lugar muy bonito para correr. No hay otro lugar más bonito. Va a ser divertido correr en este lugar.

Fido, Vito y otros ratoncitos de Segundo
Grado se paran con Rei. ¡Es hora! Los
ratoncitos se preparan para correr y ganar.
¡A correr!

¡La carrera comenzó! Rei corre rápido
y marca el paso. ¿Pueden los ratoncitos de
Segundo Grado correr tan rápido como Rei?
¿Pueden pasarle?

¡Sí!

Los ratoncitos de Segundo Grado saben
que el premio de Rei puede ser el suyo
también. Rei pone la gran copa sobre su
escritorio.

Una cama de rosas

por Mira Carreras
ilustrado por Nicole Wong

Kiko tiene una bonita olla para acampar. Kiko prepara comida en su olla. Kiko tiene una casa bonita. Es una gran carpa de color morado.

Kiko se mete en su carpa. Sus amigos,
Kati la gatita, Pipo el perrito, Cici la cerdita
y Mili la mula se meten en la carpa también.

Hoy, Mili ayuda mucho a Kiko. Kiko usa una soga para atar su carpa y su olla a los palos. Mili puede llevar los palos a cualquier lugar.

Ahora deben preparar el campamento.
—¡Para, Mili! Aquí hay un lugar
bonito. Vamos a acampar aquí —dijo Kiko.

—Vamos a preparar el campamento allá
—dijo Mili. Mili vio unas rosas rojas. A
Mili le encantaban las rosas rojas. Mili
corría lo más rápido que podía.

53

—¡Para, Mili! —dijo Kiko—. ¡Para!
Mili siguió. Kiko, Kati, Pipo y Cici
corrieron detrás de Mili. Mili no paraba.
Mili seguía y seguía y seguía. Mili siguió
hasta donde estaban las rosas.

Mili habló: —Vamos a votar —dijo—.
Voten "sí" por las rosas. Voten "no" por las
rosas.

Kati, Pipo y Cici votaron. Las rosas
ganaron. ¡Kiko aceptó el resultado de la
votación!

Kiko preparó comida en su bonita estufa
para acampar. Kiko montó su gran carpa
de color canela. ¡Ahora Mili y la gatita, el
perrito y el cerdito descansan en la cama de
rosas! A Kiko no le molesta.

Nadar como una rana

por Chenile Evans
ilustrado por Sonja Lamut

Kati está en el Campamento Lago de Alce. Kati está en una gran cabaña. Kati está en la cama al lado de Mati. Mati tiene la misma edad de Kati. Kati y Mati son amigas.

Hoy, Kati y Mati van a hacer máscaras
en forma de insectos. Kati pinta rayas
grandes en su máscara. Mati pinta manchas
grandes en su máscara.

Después de hacer artesanías, Kati y Mati hacen una comida campestre fuera de la gran cabaña. Kati y Mati comen rebanadas de jamón sobre panecillos. Comen ciruelas, tortas de calabaza y toman leche.

Después de descansar, Kati y Mati nadan
en el Lago Alce. Mati tiene una gorra roja.
Kati tiene una gorra de color canela. Mati
nada y nada. Kati está aprendiendo. Kati
necesita ayuda.

Kati da vueltas y vueltas, y cae. Sus
manos y piernas se mueven y se mueven,
pero Kati no puede nadar como Mati. Kati
no nada casi nada. Kati está triste. Kati
y Mati esperan que Kati aprenda a nadar
pronto.

Kati y Mati se pararon en un puente.
Kati y Mati vieron una rana grande. Podía
nadar y nadar como Mati. Sus patas se
movían hacia delante y hacia atrás. Kati
pensó: "¿Podría yo nadar así?"

¿Puede Kati nadar como una rana?
A la hora de nadar, Kati y Mati saltan al
agua. Hoy, Kati se imagina la rana. Kati
nada como la rana. ¿Puede Kati nadar así?

¡Fantástico! ¡Kati lo logró! ¡Kati puede
nadar como una rana! ¡Ahora Kati tendrá
una gorra roja como Mati! Kati está
contenta. Mati está contenta también.

El gran festín de almejas

por Anne Miranda
ilustrado por Adjoa Burrowes

El niño y su abuelita fueron a la
ensenada a excavar para buscar almejas.
La abuelita había hecho muchos viajes como
este. La abuelita y el niño llevaban un
rastrillo, una olla, un cubo de plástico, una
bolsa y una caja pequeña.

La abuelita llevó al niño al mejor lugar de la ensenada para encontrar almejas. El niño excavó. El niño metió las manos dentro de la arena suave y mojada. Luchó y luchó. Finalmente sacó diez almejas pequeñas y las puso en el cubo de plástico.

El niño rastrilla la arena.

—¡No está mal! —dice la abuelita.

La abuelita se inclina a ayudarlo a excavar y buscar. El niño y la abuelita sacan muchas almejas.

El niño y la abuelita sacaron agua de
una bomba. La abuelita le pidió al niño que
quitara la arena de las almejas con cuidado.
La abuelita tuvo que limpiarlas.

La abuelita y el niño tomaron la olla grande. La abuelita puso las almejas, algunas papas y un ñame en la olla. La abuelita y el niño pusieron la olla grande encima de una parrilla plana que estaba sobre la arena.

El humo y las llamas aumentaron y la
olla se puso caliente.

—Es hora de poner la mesa —dice la
abuelita.

El niño pone los manteles, los vasos de
plástico, las servilletas y los platos.

La abuelita pone la comida en un gran
plato de latón.

—¡Fantástico, Abuelita! —dice el niño.

—¡Fantástico, mi niño! ¡Vamos a comer!
—dice la abuelita.

—Papá dice que hornear las almejas es lo
mejor —dice el niño, y se chupa los dedos.

—Vamos a guardar un poco —dice la
abuelita.

La abuelita y el niño tuvieron un gran
festín de almejas en la ensenada.

La venta en la Escuela Chaparritos

por Tyler Martin
ilustrado por Cornelius Van Wright

La Escuela Chaparritos tiene una venta.
Es en el gimnasio. Chela puso una mesa
grande. Kati y Chucho van a ayudar. Toma
tiempo preparar todo.

Kati y Chucho ponen un globo terráqueo,
un florero, un trineo, una caja pequeña y
un avioncito rojo sobre la mesa. Chela hace
las etiquetas con los precios. Chela hace
muchísimas etiquetas.

Kiko puso su mesa al lado de Chela. Vito
lo ayuda. En su mesa, Kiko tiene una bici,
una estufa para acampar, tambores y una
cometa. Kiko y Vito hacen las etiquetas con
los precios.

Venta de la Escuela Chaparritos

Chimichangas

Perros calientes

Libros

¡La venta comienza a las cinco! Los
padres, los abuelos y los niños entran al
gimnasio. En los puestos se venden churros,
chimichangas, tortas de piña y ñame.

Dani está en la mesa que puso Chela.
Dani tiene veinticinco centavos. Dani usa
sus veinticinco centavos para comprar una
estampilla. Debi tiene un dólar. Debi
compra una princesa de plástico. Tiene una
peluca rubia y dice su nombre.

La niña chaparrita compra la bici que
Kiko vende. Robi compra los tambores y
la cometa. Su papá compra la estufa para
acampar.

Kiko y Vito pasean un poco. Kiko y Vito
compran churros y tortas de piña.

La venta termina a las ocho. Es casi hora de terminar, pero Kati y Chucho no pueden terminar todavía. Justo a tiempo, Rafi compra el avioncito rojo y el globo. Esteban compra seis manteles lindos. A Chela, Kati y Chucho no les queda nada. Pueden terminar.

Venta de la
Escuela Chaparritos

—La venta siempre es divertida —dice Chela.

—Sí, lo es —dice Kiko.

—Me alegra que ambos sean maestros en nuestra escuela —dice Vito.

Listas de palabras

Para usar con
Henry y Mudge

En el campamento

página 1

Palabras decodificables
Destreza clave: *Sílabas abiertas con*
m, p, s
amiga, amigo, amigos, balsa, caminó,
campamento, comida, copa, José, Lisa,
Mateo, meta, mojan, Pami, para, Sami,
se, su, Susi

Palabras con destrezas enseñadas
anteriormente
acaba, divertirse, está, nada, pasar

Palabras de uso frecuente
Nuevas
alrededor, caminó, cerca

Enseñadas anteriormente
a, amigo, ayudar, con, de,
del, el, en, está, para, tiene,
un, una, y

Las hormigas y la comida campestre

página 9

Palabras decodificables
Destreza clave: *Sílabas abiertas con*
m, p, s
bolsa, caminó, come, comida, comidas,
crema, hormigote, hormiguita,
manos, Mimi, ñame, para, Pepa, Pipo,
pusieron, sale, salir, Sami, sobre

Palabras con destrezas enseñadas
anteriormente
labios, lado, le, leche, limpia, limpian,
rica, rojo

Palabras de uso frecuente
Nuevas
alrededor, caminó, cerca

Enseñadas anteriormente
a, al, con, de, en, es, está,
las, los, muy, un, una, y

Dani, Toni y Dina página 17

Palabras decodificables
Destreza clave: *Sílabas abiertas con*
d, n, t
Dani, detiene, dice, Dina, fiesta, hasta,
lista, no, saltando, sorprendida, tiene,
toman, Toni

Palabras con destrezas enseñadas anteriormente
Mamá, mesa, Pami, para, Pipo, ponen,
sale, se, sobre

Palabras de uso frecuente
Nuevas
familia, niños, viene

Enseñadas anteriormente
a, al, con, del, está, la, las,
los, una, y

La competencia del sombrero cómico página 25

Palabras decodificables
Destreza clave: *Sílabas abiertas con*
d, n, t
aplana, canela, comida, corta, deja,
dice, durante, ganó, grande, hasta,
mete, Nina, Nino, plástico, puedo,
sienta, tamaño, tiene, triste, una

Destreza clave: *Repasar palabras con CV*
canela, comida, deja, dice, ganó, mete,
Nina, Nino, tamaño, una

Palabras con destrezas enseñadas anteriormente
cómico, comida, competencia, familia,
próxima, saca

Palabras de uso frecuente
Nuevas
familia, niños, viene

Enseñadas anteriormente
a, con, del, el, en, es, la, no,
para, qué, seis, un, una, y

Para usar con
*Henry y Mudge
bajo la luna amarilla*

SEMANA 3

Un paseo por la ciudad

página 33

Palabras decodificables
Destreza clave: *Sílabas abiertas con f, b, v*
baja, Beni, Bibi, bicicleta, bonito, Fela,
nuevo, sube, trabajo, va, Vane, ve, vino,
Vito

Palabras con destrezas enseñadas anteriormente
amigos, Ana, autobús, contento, Dani,
de, gusta, hasta, lado, Mamá, Memo,
monta, Nino, niños, Papá, parada,
patinar, punto, rápido, sale, saludan,
Sami, seguro, sienta, tarde, taxi, tiempo,
tiene, toma

Palabras de uso frecuente
Nuevas
ciudad, escuela, otro

Enseñadas anteriormente
a, alrededor, con, de, en,
está, la, los, niños, un, y

Los ratoncitos pueden correr

página 41

Palabras decodificables
Destreza clave: *Sílabas abiertas con f, b, v*
bonito, buscan, estaba, Fido, va, Vito

Palabras con destrezas enseñadas anteriormente
amigo, como, copa, cuando, deja,
divertido, este, ganó, grado, mismo,
paran, pasarle, paso, preparan, puede,
pupitre, rápido, resto, sobre, su, tiene

Palabras de uso frecuente
Nuevas
ciudad, escuela, otro

Enseñadas anteriormente
a, con, el, él, en, es, esta,
está, este, la, para, su, un,
una, y

Una cama de rosas

página 49

Palabras decodificables

Destreza clave: *Sílabas abiertas con /k/*
acampar, aquí, carpa, casa, color,
comida, corría, cualquier, Kati, Kiko

Palabras con destrezas enseñadas
anteriormente
amigos, ayuda, bonita, cerdita, deben,
detrás, dijo, gatita, mete, meten, Mili,
molesta, montó, morado, mula, palos,
para, paraba, perrito, Pipo, prepara,
puede, rápido, resultado, soga, su,
tiene, usa, vamos, votar

Palabras de uso frecuente

Nuevas
ahora, hoy, podía

Enseñadas anteriormente
a, de, el, en, hay, la, las, los,
no, un, una, y

Nadar como una rana

página 57

Palabras decodificables

Destreza clave: *Sílabas abiertas con /k/*
cabaña, calabaza, cama, canela, casi, color, comen, comida, como, fantástico, Kati, máscaras

Palabras con destrezas enseñadas anteriormente

amigas, aprenda, artesanías, así, ayuda, campamento, contenta, da, de, está, forma, grande, imagina, lado, manos, misma, nadan, necesita, pararon, patas, pero, pronto, puente, rana, rebanadas, sobre, tiene

Palabras de uso frecuente

Nuevas
ahora, hoy, podía

Enseñadas anteriormente
está, en, el, una, la, de, y, son, van, a, hacer

El gran festín de almejas

página 65

Palabras decodificables
Destreza clave: *Sílabas abiertas con ch, ñ*
chupa, hecho, luchó, niño, ñame

Palabras con destrezas enseñadas
anteriormente
abuelita, almejas, arena, bolsa, bomba,
comida, como, cubo, cuidado, dedos,
ensenada, está, estaba, este, excavó,
finalmente, grande, humo, inclina,
manos, mi, mojada, muchos, para,
plana, plástico, poco, pone, puso,
sacaron, sacó, sobre, suave, tuvo,
vamos, vasos

Palabras de uso frecuente
Nuevas
dice, mesa, pequeña

Enseñadas anteriormente
a, al, de, el, encima, está, la,
los, no, un, una, y

La venta en la Escuela Chaparritos   página 73

Palabras decodificables

Destreza clave: *Sílabas abiertas con ch, ñ*
Chaparritos, Chela, Chucho,
muchísimas, churros, chimichangas,
piña, ñame, chaparrita

Palabras con destrezas enseñadas anteriormente

ayuda, bici, caja, casi, centavos, cinco,
cometa, Dani, de, Debi, divertida, dólar,
estufa, gimnasio, grande, justo, Kati,
Kiko, lado, nada, padres, para, pasean,
peluca, pero, plástico, poco, preparar,
puso, queda, Rafi, Robi, sobre, su, tiene,
todo, toma, usa, vende, venta, Vito

Palabras de uso frecuente

Nuevas

dice, mesa, pequeña

Enseñadas anteriormente

al, ayudar, con, el, en, es,
escuela, está, la, las, los, no,
un, una, van, y